Lb 44 1034

SUR LA GLOIRE

DU

DIX-NEUVIEME SIECLE,

DISCOURS PRONONCÉ LE 14 AOUT 1807, AVANT LA DISTRIBUTION SOLENNELLE DES PRIX, AU LYCÉE D'ORLÉANS,

PAR M. CHAUSSARD,

Professeur de Belles-Lettres, ex-Directeur général des Bureaux de l'Instruction publique, Membre de plusieurs Sociétés savantes, nationales et étrangères.

PARIS,

PORTHMANN, IMPRIMEUR DE S. A. I. ET R. MADAME,
RUE NEUVE DES PETITS-CHAMPS, N°. 36.

AN 1807.

7

A M. FOURCROY,

Membre de l'Institut, Conseiller d'État à vie, Commandant de la Légion d'honneur, Directeur général de l'Instruction publique.

Monsieur le Conseiller,

La Lumière que vos travaux ont répandue sur les Sciences naturelles, la Direction libérale que vous avez imprimée à l'Instruction publique, tout rattache votre nom à la Gloire du dix-neuvième Siècle.

Daignez accepter l'hommage du Discours que je lui consacre.

Je suis,

Monsieur le Conseiller,

avec respect,

Votre très-humble et très-obéissant serviteur.

CHAUSSARD,

Professeur de Belles-Lettres au Lycée d'Orléans.

SUR LA GLOIRE

DU DIX-NEUVIÈME SIÈCLE.

DISCOURS

PRONONCÉ LE 14 AUGUSTE 1807,

Avant la Distribution solemnelle des **Prix** *au Lycée d'Orléans.*

Messieurs,

Sensible aux malheurs de l'Humanité, le plus grand des Héros vient de rouvrir les portes du temple de la Paix.

Les hymnes de la reconnaissance et de l'amour éclatent de toutes parts et se mêlent aux chants de triomphe.

Qu'il est beau, mais qu'il est rare d'unir ainsi l'extrême modération à l'extrême puissance, d'ignorer l'ivresse des succès, d'arrêter, sur la pente rapide et glissante des prospérités, le char de la Victoire, de la vaincre pour ainsi dire elle-même, d'être maître de soi comme du reste du monde, de montrer enfin un sage dans le Héros, un père dans le vainqueur, et d'imprimer ainsi à la plus vaste gloire le sceau de la plus sublime vertu.

Cet éloge retentit au sein des palais comme au fond des cabanes.

Tandis qu'il rend à nos florissantes cités, à nos riches campagnes leur plus ferme appui, leur plus chère espérance, ces enfans devenus les siens et illustrés par tant de triomphes, voyez les trônes que l'impétueuse et irrésistible valeur de ce Héros avait renversés, en éclatant comme la foudre, se relever sous ses mains généreuses. Mânes du grand Frédéric, soyez satisfaits ! Votre postérité a cédé avec honneur au seul génie digne de lui donner des lois, et n'a subi que le joug des bienfaits.

Notre Héros l'avait dit : « *Il faut que le 19e. siècle soit le siècle de toutes les pensées généreuses.* » Ce qu'il avait dit, il l'a fait.

Ici, Messieurs, donnons à notre esprit le plus grand des spectacles, celui des destinées glorieuses réservées à un Siècle qui vient de s'ouvrir sous de si magnifiques auspices.

Au moment où je prononce ces paroles, mon imagination vivement émue, voit, ou croit voir la

Postérité qui se lève et s'écrie : « Orateur, je vien-
» drai m'asseoir sur vos tombeaux, je vous jugerai
» tous, et je peserai les actions et les paroles dans
» une exacte balance. Tu peux parler maintenant. »

..... Oui, j'éleverai une voix pure et retentis-
sante, et j'annoncerai aux hommes tout ce qu'ils
ont à espérer de la plus haute puissance, qui ait
paru sur la terre, lorsque créée par le génie, accrue
par la gloire, elle s'affermit par la Vertu.

Ce n'est pas ici un acte isolé d'héroïsme ; c'est
la continuité de l'héroïsme que je célèbre.

En effet, toutes les pensées de notre magnanime Monarque, de cet homme extraordinaire,
dont l'étoile, dont le destin ne sont autre chose
que la lumière et la force d'une grande ame ;
toutes les pensées, dis-je, de notre magnanime
Monarque se sont dirigées dès ses premiers pas
dans son immortelle carrière, vers le seul but
capable de remplir les plus vastes vœux de l'am-
bition la plus généreuse.

Ce grand homme mesura, d'un regard d'aigle,
l'étendue des malheurs de sa Patrie, de l'Europe,
de l'Humanité entière, et il s'avança en disant :
« Je vais les réparer. »

Deux lustres s'écoulèrent à peine, et les plaies
profondes de notre Patrie se cicatrisèrent, et
l'équilibre de l'Europe commença et s'affermit :
l'Humanité se relève et respire.

S'il fut obligé, par l'incurable obstination des ennemis de la France, à les combattre, entendez-le gémir sur les fléaux de la guerre, dont il abrégea toujours la durée, tantôt par l'impétuosité, tantôt par la modération de son génie; car l'histoire lui rendra ce témoignage, que tous ses combats tendaient à la paix, comme la vivacité de ses mouvemens à un glorieux repos.

C'est ainsi que le père de la nature laisse échapper à regret de son sein les orages, et les emploie du moins à épurer les airs, à rafraîchir les campagnes arides.

O Bossuet ! j'invoque ton génie ! Ce serait à toi de peindre ce foudre tout-puissant, échappé des mains de la Providence, et qui renouvelle en passant la face de la terre, ou plutôt cet Astre consolateur, qui brilla tout-à-coup au milieu de nos tempêtes politiques, et dont les rayons annoncent que le règne des nuits orageuses est à jamais passé.

A la vue de ce nouveau Cyrus, de cet autre Alexandre, conquérant plus rapide et sur-tout plus vertueux que le premier, Bossuet aurait pu dire sans exagération, et en restant dans la pompe et dans la vivacité de ses paroles, au-dessous de la vérité historique : « *Exultavit ut gigas ad currendam viam suam.* » Tel qu'un géant, il s'est emparé avec joie de sa carrière.

Qui pourrait en mesurer l'étendue ? Lui seul. Et ici, avouons-le, Messieurs, l'admiration nous subjugue et nous accable.

Il n'est personne parmi nous qui ait pu sonder, même par l'effort de l'imagination la plus vive, la profondeur de cet abîme de génie. Lui seul a la conscience de sa force et le secret de sa pensée. Oui : lui seul pouvait concevoir, et lui seul encore pouvait réaliser avec une rapidité aussi prodigieuse que celle de l'idée, ce plan unique qui rassemblait, qui fixait en quelque sorte sur un seul point toutes les chances de la guerre, toutes celles des destinées humaines, afin d'en décider à jamais, sans retour, et de la manière la plus libérale.

Oui, Messieurs, je n'hésite pas à le dire ; ce qui place notre invincible Monarque au-dessus de tous les autres ; c'est qu'il a placé lui-même la Vertu dans le pouvoir, et qu'enfin pour reprendre son expression, il a créé le siècle de toutes les pensées généreuses.

Ombres des Trajan, des Antonin, des Marc-Aurèle ; ombres illustres des plus grands hommes, soyez à-la-fois confuses et satisfaites d'être surpassées !

C'est par-là que le 19e. siècle doit éclipser tous les autres. Il a reçu l'empreinte et le caractère de l'homme immortel dont il porte déjà le nom.

Messieurs, il en est des siècles comme des individus : la plupart sont obscurs. Quatre ou cinq siècles seulement ont brillé jusqu'ici dans une nuit profonde et désastreuse. En effet, Messieurs, que de lacunes dans le temps, que de déserts dans l'histoire !

Ce sont les grands hommes qui font les grands siècles. Mais combien de taches l'historien philosophe aperçoit sur ces planètes brillantes.

Il voit le siècle de Périclès signalé par tous les fléaux, ensanglanté par une guerre de quarante années que termine l'esclavage d'Athènes, et il ne l'absout qu'en faveur des beaux arts

S'il est frappé de la grandeur gigantesque du règne d'Alexandre, il reconnaît bientôt qu'elle reposait sur une base d'argile. En effet, ce conquérant négligea de tout constituer après lui. Il sembla regarder d'un œil sec et vain, les jeux sanglans qu'il annonçait devoir être célébrés sur sa tombe, le démembrement de l'Europe et de l'Asie, divisées par le glaive de ses soldats, et dont chaque débris forma un grand royaume. L'historien le considère avec effroi comme un météore brillant qui passe en semant l'incendie.

Il accuse le siècle de César et d'Auguste d'avoir été flétri par les proscriptions, par toutes les horreurs des guerres civiles, enfin par l'asservissement du Monde entier ; car la Victoire semblait avoir attaché aux pieds du Capitole une chaîne d'airain où tous les peuples étaient suspendus.

Il trouve plus de barbarie avec moins de gloire au siècle du féroce Constantin. Il en détourne les yeux. . . . Mais il les repose avec un vif transport d'admiration sur le siècle de Charlemagne, et il gémit de voir s'écrouler ce colossal empire, en si peu de temps, sous le poids d'une grandeur qui dépassait la mesure des lumières de cet âge : il reconnaît qu'il était réservé à un siècle plus éclairé de voir se réaliser et se confirmer toutes les pensées de ce génie vaste, et dont la première gloire sera d'avoir servi, en quelque chose, de modèle à Napoléon-le-Grand.

Saluons avec reconnaissance le siècle de Léon X et de François Ier. Cet âge marqué par les plus célèbres révolutions et par les plus mémorables découvertes, vit luire une aurore de raison et de bon goût dont l'éclat s'est toujours augmenté et doit s'augmenter encore.

Osons-le dire, les guerres sanglantes et injustes, l'humiliation des dernières années de Louis XIV, la révocation de l'Edit de Nantes, le cri accusateur que la France épuisée fit entendre sur la tombe de ce roi, qui justifia à certains égards sa vaste célébrité, mais qui ne fit rien de grand par lui-même, mais qui prit trop souvent la vanité pour la gloire, toutes ces considérations, que je pourrais étendre, ne permettent pas d'accorder, sans restriction, à ce règne le nom de grand. Trop d'ombres se mêlent à cette vive lumière.

Vous le voyez, Messieurs, et la simple exposition des faits suffit pour vous en convaincre, le siècle des pensées généreuses n'était pas né encore, mais il se préparait : il murissait lentement. Charlemagne en sema les premiers germes ; le 15e. siècle les échauffa, le 18e. les remua ; et les orages politiques qui éclatèrent, semblaient devoir les détruire à jamais, lorsque l'Astre naissant de la gloire la plus prodigieuse ramena la sérénité. Un grand homme recueillit ces semences éparses, les féconda par son génie et fit éclore sur un sol désolé, une moisson de succès aussi abondante qu'inespérée.

On le voit organiser à-la-fois des armées, des victoires, des constitutions, des états; fonder la gloire, l'agrandissement, la prépondérance inviolable de la France; en préparer le bonheur; assurer le repos de l'Europe, recréer le monde politique ; et la balance dans une main, l'épée dans l'autre, couronner tant de hauts faits d'armes (dont un seul suffirait pour remplir la vie la plus illustre), en élevant le monument immortel de sa législation à la hauteur de ses trophées héroïques, et en y inscrivant, de ses mains triomphantes, le titre touchant et glorieux de Pacificateur.

Sa grande ame fut toujours avide de ce titre. Rappelez-vous, Messieurs, que ce Héros donna souvent la Paix, qu'il l'offrit toujours, même du haut du char de la Victoire. Rappelez-vous que la Paix fut la promesse solemnelle qu'il fit à la grande nation, le 18 brumaire. La gloire et la magauimité avaient déja rempli cette promesse. Nouveau Charlemagne, il la scelle aujourd'hui du pommeau de sa redoutable épée, de cette épée qui semble avoir les triples aîles de la foudre.

Et ne croyez pas, après tant de travaux, que son génie ait fait une pause. Non, immense, infatigable, il regarde le temps et le suit ou le devance. Il s'occupe du bonheur des Français, comme il s'occupait de leur gloire. Ah! s'il créait, s'il réparait au moment même, où la guerre entraînait d'inévitables destructions; si, pareille à cette lance merveilleuse dont une extrémité guérissait les blessures que faisait l'autre extrémité, sa vertu releva souvent ce que sa valeur avait renversé, éteignit souvent ses propres foudres après les avoir lancés; s'il laissa partout sur son passage les souvenirs de sa bonté comme les traces de sa puissance, que ne fera-t-il point lorsque ses grandes pensées appartiendront tout entières au bonheur de ses peuples!

Il semble que depuis des siècles une lutte existe entre le génie du bien et celui du mal sur la terre.

Cette lutte du crime contre la vertu, des ténèbres contre la lumière, cesse dès aujourd'hui. Le génie du bien l'emporte et commande. Il règne sous les traits de Napoléon.

Qui pourrait calculer tout ce qu'il fera? La pensée étroite et vulgaire de quelques hommes ne saurait le comprendre. Pour moi, je crois qu'on doit avoir une plus haute idée de soi-même, à mesure qu'on découvre l'élévation des sentimens qui caractérisent notre magnanime Empereur.

Bouchardon avait coutume de dire que lorsqu'il sortait d'entendre les vers de Corneille, il se redressait, prenait une plus ferme attitude, et croyait avoir dix pieds de haut. Tous les Français doivent avoir aujourd'hui une plus haute opinion de ce nom, depuis que le Grand Napoléon les a salués le premier du nom de Grand Peuple, depuis que ses Grandes Armées ont fait l'admiration de l'Europe, et que leurs exploits gigantesques vont devenir l'entretien du Monde et des Siècles à venir.

Rien ne contribua davantage à la supériorité du génie grec et de la grandeur romaine que cette opinion imposante dont chaque citoyen était pénétré, à l'égard du Gouvernement et de lui-même.

Il est aisé de le prévoir: l'élévation des ames va devenir le caractère distinctif du siècle.

Voyez d'ailleurs comme Napoléon élève autour de lui les plus grands et les plus généreux de ses sujets ; sûr d'être toujours au-dessus de tout. Il n'y a qu'une ame supérieure qui soit flattée de rapprocher de la sienne des ames dignes de l'entendre : il n'y a que les hommes médiocres qui craignent les grands hommes. Qu'il est beau de commander à ceux qui sont dignes de commander au reste du monde !

Hâtons-nous d'ajouter que cette élévation de toutes les ames, que le mouvement généreux de tous les esprits, tendra vers tout ce qui est utile ; car il n'y a de grand que ce qui est utile, comme il n'y a de gloire que dans la Vertu.

Déjà les Sciences dans leur vaste développement, et les Beaux-Arts dans leur régénération rapide en ont donné le signal. Les Sciences se dirigent toutes vers le bonheur de l'homme ; quelques-unes même préparent l'amélioration de ses destinées. Les Beaux-Arts deviennent les historiens de la Gloire nationale. Le Génie saisit la lyre et les pinceaux. Un temple s'est élevé pour les Muses où, prêtresses chastes et inspirées, elles doivent entretenir à jamais le feu sacré de l'Enthousiasme.

C'est là que de nouveaux Horaces, que d'autres Pindares feront sans cesse retentir ces voûtes sacrées de leurs hymnes immortels ! C'est vous qu'ils célébreront, invincibles Légions, magnanimes guerriers, l'effroi de l'Europe et l'amour de la France, vous dont les statues rempliront ce panthéon militaire ; vous, dont les noms y seront gravés sur des tables d'or massif, moins précieuses encore par la matière que par cette libérale destination ; car c'est ainsi qu'un Héros honore le courage.

Par une pensée qui ne pouvait appartenir qu'à lui, il commande l'éloge de ses Grandes Armées et interdit le sien !... Mais la Divinité, invisible à nos yeux dans un temple, en devient plus présente à nos cœurs.

« Nous ne pouvons rien, faibles orateurs que nous sommes, s'écriait le plus éloquent de tous, nous ne pouvons rien pour l'éloge des héros. Toute louange languit auprès des grands noms. »

Et en effet, Messieurs, ils ne sont dignement célébrés que par leurs actions.

Mais qu'entends-je ? Et quel cri immense, universel s'élève et se forme du concert de mille voix différentes. Pour la première fois, des hommes qui paraissaient invinciblement divisés par l'opinion, s'accordent et se réunissent dans une seule, dans un sentiment unique d'amour et d'admiration pour le Héros de la France et du Siècle. L'un :
« J'ai donc revu les lieux où je suis né !... Ma
» tombe se rapproche de mon berceau. O patrie !...
» O patrie dont le souvenir est aussi invincible
» que la puissance, tu me rouvres le sein qui
» allaita

» allaita mon enfance, et que....! Héros conso-
» lateur sois béni! » Cet autre : — « J'admirai les
» âpres vertus de Sparte et de Rome. Leurs
» maximes, inadmissibles aujourd'hui, m'empor-
» tèrent peut-être loin de moi. Les haines, les
» fureurs des partis aveugles allaient se déborder
» sur ma tête comme un torrent....! Son cours
» fut arrêté par ta générosité. Je te bénis, ô ma-
» gnanime Empereur! »

Celui-ci : — « L'auguste religion est replacée
» sur sa base antique, inébranlable! O mon roi,
» je te bénis après mon Dieu! »

Ceux-là : — « Tu rallies nos tribus dispersées,
» tu nous ouvres les portes de la société, tu per-
» mets à chacun d'honorer le grand Être selon sa
» conscience, ô Sage formé à sa ressemblance !
» Chef suprême et digne de commander au monde,
» nous te bénissons depuis le lever du soleil jus-
» qu'à son coucher, et dans la nuit nous te bénis-
» sons encore. »

Là, c'est l'Agriculture, fille de la Paix, qui lève
ses bras vers le réparateur; ici, l'Industrie encou-
ragée lui montre avec orgueil ses conquêtes nouvelles et multipliées sur un peuple rival; le Com-
merce parcourt les nouvelles routes qui lui sont
ouvertes par le génie, balance son vol et n'attend
qu'un regard de l'aigle, pour prendre le plus vaste
essor.

Cependant, au sein de la nouvelle Palmyre, le Louvre achevé, des monumens superbes et utiles, dignes d'annoncer à l'Europe sa capitale, ces places agrandies, ces quais étendus, ces ponts créés par un art magique et nouveau, ces vastes communications ouvertes du centre aux extrémités de la Cité royale, ces aquéducs, ces canaux, ces portiques, ces temples, ces musées, ces arcs de triomphe, ces fontaines éternellement jaillissantes et dont le doux murmure semble exprimer la joie des Nayades qui arrosent ces lieux si fertiles en plaisirs et si riches de gloire, tout proclame d'une voix haute les nouveaux bienfaits de la plus vaste puissance; tout s'empare de l'admiration de l'étranger, vaincu par notre industrie comme par notre valeur. Quel peuple, s'écrie-t-il, que celui qui, sous les regards vivifians d'un héros et d'un sage, unit aux armes de la ville de Mars, les arts de la cité de Minerve.

Je le sens, Messieurs, je succombe sous le poids d'une si riche matière; mon esprit, ébloui de tant de Gloire, ne peut en soutenir l'éclat. Que mon trouble du moins soit un hommage. Que cet hommage tire sa force de la faiblesse même de mes moyens.

Je termine par le vœu d'Horace : *Serus in*

cœlum redeat. Que César habite long-tems la terre, qu'il tarde à remonter au Ciel.

Qu'il vive ce Héros! qu'il triomphe toujours!
  Qu'il vive autant que sa Gloire.

RACINE.

Magistrats, Militaires, Savans, Lettrés, Administrateurs, Peuple qui m'écoutez, et vous l'objet de sa plus tendre sollicitude, vous ses chers, ses dignes enfans, jeunes Elèves, répétez avec moi, d'une voix forte, éclatante :

Vive, vive l'EMPEREUR !

www.ingramcontent.com/pod-product-compliance
Lightning Source LLC
Chambersburg PA
CBHW071415060426
42450CB00009BA/1902